오석란 시집

지성 · 감성의 메타언어
조선문학시인선 · 276

오석란 시집

조선문학사

■ 自序

세번째 방의 창문을 연다
갑자기 달려드는 바람
상쾌

첫 번째의 작은 방과
두 번째 룸메이트와 함께였던
그 방에서
나는 늘 답답했다

꽉 박힌 옹이가
조금 빠져나간 듯
아직도 내게는 늘 절벽같이 다가와
마주서는 詩
이럴땐 늘 도전장을 받는다
유쾌하게 웃으면서

받아주리라

끝으로 저를 지켜봐주시는 이성교 교수님께 특별한 애정과 감사를 보낸다.

그리고 내 뒤에서 갈채를 보내는 세 사람의 다른 나에게 뒤돌아서 박수를 보낸다.

2010 初夏

오석란

오석란 시집

제2부 / 돌비석

제3부 / 이순(耳順)

제4부 / 시집평설

제1부

꽃으로 읽는 계절

2010, 이번 봄·1

중요한 배역(配役)이라고
대본 건네더니
대본도 다 읽기 전
막을 내려 버리네
그렇게 막 내리고 다음 공연 갈거면
난 어디로 가니?

벚꽃 단상

땅속 깊이 흐르던 용암이
출렁이면서
지구를 흔들어대던
지난 겨울의 지진, 해일에
놀라 떨어진
생명들이

이 찬란한 계절에
모두가
벚꽃이 되었나보다

무리지어 핀 꽃
송이송이마다
한아름 거친 서풍(西風)을 머금고
살랑대는 미풍에도
우우우
몸부림을 치면서
꽃비가 되어 쏟아지고

눈 마주치는 곳마다
넋이 나간
초록의 풀잎들이
꽃비에 젖는다

2010년 4월 24일

- 작은 딸 결혼식

멀리 서 있었다. 나무 한 그루

익숙한 거리
늘 보던 풍경 속에
나는 그림처럼 앉아 있었다
햇빛은 봄하늘 가득하고
나의 머릿속은
텅 비어
귓속을 지나는 공명음만 울린다

늘어선 가로수에는
언제 내밀었는지 이미
새 잎이 바람결에 춤추고 있었다

저기 다 자란 나무 한 그루
그 옆에
마주 보고 서 있는 또 한 그루
멀지 않아 그 그늘 아래 놓여질

작은 희망 의자를
나는 보고 있다

봄날 오후의 유후인*

떠다니는 공기에
비
눈꽃 되어 흩날리는 벚꽃잎들

사라졌던 노랑나비들
등을 핀으로 꽂힌 채
바람결에 파닥이며
곤충 표본이 되어
길가에 늘어서 있다

도열해 있는 상점들 사이에서
수학여행단 사열하는 캐릭터 인형들

저 멀리 보이던 호숫가
가까이 가니
뭉게 뭉게 피어오르는 더운 입김으로
고목에 푸른 이끼 돋아 있고

거꾸로 선 돌계단 위
소원 비는 불상이
세월을 토해내고 서 있었다

* 유후인 : 일본 후쿠오카에 있는 온천과 료칸으로 유명한 지역 이름.

2010, 이번 봄·2

집 전화도 안받고
핸드폰도 불통이다

문자 치고 메일 날려도
열어보지도 않네
몰래 와서 빚잔치하고
허겁지겁 사라진다

영춘화(迎春花)

나를 흔들지 말아요
봄바람에 흔들리는 마음
가까스로 누르고 있으니까요

그대가
이 땅에 봄의 화신(化身)으로
울릴 듯 말 듯 노오란 종을 매달고
물구나무 서서
햇빛과 바람을 저울질 하면
서쪽 하늘 살짝 떠 있던 흰구름
얼굴 붉히며
저녁 종소리 듣고 있어요

언 땅 위에 아지랑이는 흔들려도
흔들리지는 않으렵니다
그러나
노오란 영춘화 그대 웃음처럼
쏟아지는 종소리에는
대지가 흔들리고 있네요

오월이 가네

한 세월은 강물로 흐른다

어머니 마지막 49제 지나보니
TV속을 채워버린
전 대통령 자살 소식

먼 산 위를 배회하던 구름마저
가고 나면
보이지도 잡히지도 않고
허허로움만 남아 있다

장미가 피어난들
아카시아가 물결친들
밤꽃(栗花) 지천으로 향내 퍼뜨린들
변할 것은 없다

봄인듯이 여름 오고
가을 가고 계절 바뀌어

모두들 서둘러 자리를 털고 있다

때이른 더위로 속이 바짝 말라도
오늘이 간다
오월이 저만치서 손 흔들고 있다

찔레꽃

누가 그를 보고 붉다고 했던가
오뉴월 햇볕에 붉다가 붉다가
하얗게 바래버린 꽃

담장 위에 턱 걸치고
힘없이 서서
지나가는 여인네들에게
추파를 던진다

하현달 뜨는 밤이면
달빛만 바라보고 있다
다시 샛별처럼 빛나는 초사흘 달이 뜨고

아침이 오면
허리마저 휘어져 담장에 매달려
진한 향수 뿌리고
여인을 유혹하는 찔레꽃

달맞이꽃

한낮의 뜨거운 열기를
바닷물에 풀어 넣고
해질녘 산사 찾아 가는 길에
달맞이꽃이 마중나왔다

불타는 햇빛 열기 모아
달뜨는 밤에만 꽃으로 핀다
산바람이 들려주는 이야기도
바다 파도소리로 소근대는 사연도
그저 묵묵히 간직하고
산사에서 울리는 종소리, 목탁소리에
가부좌로 앉아
묵언으로 영그는
달맞이꽃

물망초

내공을 쌓는 중이다
세상을
조금의 여유로 바라보며
악보의 쉼표가 될 일이다

사방은 잡목숲
바람의 거처에서 바람에 물들고
산짐승 쉼터가 되던 곳
숲의 좁은 틈새로
목을 빼어 하늘을 받치고
여름 향기를 날린다

아무도 기억해 주지 않지만
"나를 잊지 마세요"
온 몸으로
삶의 쉼표를 만들고 있다

5월 산

제 모습을 보려고
한나절 강물만 들여다 보던 산이
아예 제 그림자를
물속에 던져 넣은 저녁

노을이 강물에
빛을 풀 때쯤
저녁 짓던 연기도
강가를 맴돈다

산색에 취해
낮잠자던 두견이
다 못 꾼 꿈 깨어
소쩍 소쩍 잠꼬대 하면

검은 그림자 끌고 돌아가는
5월산은
한 나르시소스

처서

봄 여름 지나도록
키만 크던 갈대도
꽃잎 나부끼고
언제까지나 피고 지던 무궁화
햇빛에 바래간다

일시에 자멸해버린
매미소리
여전히 산색은 짙어가는데

문 닫고
손가락만 움직여
실내온도 조정하던 삼복더위가
창문을 연다

소리가 지배하는 세상이 있다면
작은 소리가
설득력을 갖는 세상이 있다면

섬돌 밑에서
풀숲 속에서

또르르르 또르르르
속삭이는 귀뚜라미는
이 계절을 말하는
웅변가이다

단풍나무

어쩌면 그리도 말이 없느냐
어쩌면 그리도 고집이 세냐

분명 단풍나무이기에
처음부터 붉을 줄 알았다

다른 잎들이 우수수 낙엽 질때에
화려한 무대의상 갈아입고
떠나는 친구들에게
위문 공연 한다는 걸

눈이 내리고서야 알았다
눈꽃이 눈물인 줄
빛을 보고 흘리는
뫼르소*의 눈물처럼

* 뫼르소 : 까뮤의 소설 <이방인>의 주인공.

낙조

무수히 쏟아지는 가을 꽃비로
떨어지는 낙엽을 쓸다가
올려다본 하늘엔
어지러운 무지개

비도 오지 않은
마른 하늘 위에
잠자리 날개를 투과한
햇빛 한줌
키 큰 감나무 꼭대기
까치밥을 넘겨다 보는데
이산 저산 넘고 오는
저녁 노을은
두 볼 잔뜩 홍시처럼 붉힌 채
서산에 걸려 있다

잡목숲 칸타타

가을 내내
온 산을 오르내리며 불장난하던
단풍잎들
우루루 몰려 다니며
삼보일배로 어디론가 떠나고
여린잎 돋고 꽃 필 때부터
몸살 앓던 나무들
여름 내내 길게 자란 손톱 세워
하늘 할퀴고 섰다

천천히 다가오는 고개 숙인 공허가
갈대에 실려
이리저리 갈피를 못잡는다

어젯밤 꿈에 취한 듯
허리 휜 달빛이
서성이는 구름에 가리우고
몇 송이 달빛 물든 달맞이꽃 아래

들릴 듯 말 듯
귀뚜라미,
솔로 연습하고 있다

겨울 한나절

농익은 겨울 속에 앉아
산딸기 향내 나는 차를 마신다

더 많은 어둠과 함께 했던 잎들은
새 싹의 꿈을 준비한다

겨우내 어깨에 내려 앉은
세월의 먼지를 털며
차가운 북풍 한자락
안으로 들인다

저 멀리서
봄처럼 구름처럼 몰려오는 기운

무심히 흘려보낸 시간 속에도
늘 시작의 종이 울렸으리

이 겨울 계단을 다 밟고 내려오면

여기저기서 새소리 다가오고
차가운 공기 속으로
산딸기 향이 번지고 있다

겨울

들녘을 채우는 황색바람
가을걷이 끝난 벌판으로
철새들
사랑을 긋고 가는 노을녘
허수아비 두 팔 사이
곡식 내음
저녁연기에 섞여있다

짚거적 쓰고 있는 대지에
묻힌 봄 노래가
제 흥을 돋울 때쯤
살구나무 빈 가지에도
유행 지난 노래들이
열리고 있는데

빈 들은
안단테 안단테
느린 곡조의 제 노래를
힘차게 공중으로 날리고 있다

눈꽃

아무리 다시 보아도
온 세상이 하얗다

차고 뜨거운 것을 모두 하나로
천가지 만가지 빛깔도 모두 하나로
만드는 힘

잠시만이라도 온 세상 가득
순백의 꽃을 피우고파
정열로 얼음으로 담금질하여
하얗게 피었다가
미풍에도 조금씩 나부끼다가
눈물되어 사라지는
눈물꽃 눈꽃

제2부

돌비석

남산

심폐기능 떨어진
서울의 폐부

늙은 구렁이
구불구불 감아도는
산길

시도 때도 없이
헐떡이며 달려가는 조깅족
발 아래로
아직
맑은 물 흐르고

가끔은
장끼 까투리 목청 돋우는
산

안개낀 아침

– 남산에서

어젯밤
무엇이 어디를 휘저었는지
산을 가로막은 안개

머리 감고 물 뚝뚝 흘리는
가로수에서
훍덩이처럼
톡톡 떨어지는 참새들

꽥꽥 소리지르며 지나는
차들의 경적음에 놀라
가로등은 눈을 감고

못다 풀린 숙취로 비틀거리는
고층 건물로
햇살들이 기어들고 있다

도봉

산새도 날아와 우짖지 않고*
구름도 떠가고 오지 않는
고요 속에 서 있는
도봉은

콧대 높으신 젊은 사장님이다
눈도장 한번 찍으려면
고개가, 고개가 꺾이는
저 도도함

산 아랫 자락을 다 분양하고
저 혼자 고고(孤高)한
인수봉

* 박두진의 시 「도봉」 처음 2행.

록키산맥에서

록키산맥에 봄이 찾아와도
꼭대기 흰눈 여전히 빛난다

골짜기마다
빙하 녹아 흐르는 차가운 물
산을 휘감아
강이 되고 호수가 되고
호수에 잠기는 산 그림자에
옛 전설만 남아 있다

설원을 누비던 원주민들 사라지고
낯선 이들만 넘나드는
산맥의 철새가 되어 있다

주왕산 가는 길

주왕산 단풍을 기어이 보겠다고
새벽부터 서둘러 길을 나섰다
도시를 벗어나자 나선 벌판엔
알곡 털리고 남은 볏짚만 쌓였어도
깊어가는 가을 풍경 속에
바람처럼 출렁이는 풍요로움

마침내 주왕산은 그 모습을 보인다
꼭대기 올려다 보니
어디서 보낸건지
어느 누가 세웠는지
관음상이 산 아래를 굽어 보시고
주변엔 나한상도 도열해 있고
석탑들도 우뚝 서 있다
산 아래 울긋불긋 단풍나무들
탑돌이 하면서 소원을 빈다

노천 온천

날개 달고 내려 앉는다
꽃잎이 한장 두장

멀리, 깊이
근원을 모르는 데서 발원한
따뜻한 온기

누군가 가져다 놓은
바위 위의 동백꽃 한 송이의
빨간 정열을 닮은
노을 지는 하늘이
가만히 탕 안에 잠기어 있다

한 발을 담그자
발목을 감고 도는
무수한 보석 발찌들

물안개를 헤치고

깊숙히 들어가면
머리카락에 맺히는 은방울들이
소리내며 와르르
쏟아져 내린다

시계

죽지 않는 생명이다

알 수 없는
순간순간을 직시하라고 명령하고 있다
살아있는 모든 것의 척도가 되고 싶어
숨쉬기 반복한다

그러나
살아있으면서
두 손으로 움켜쥔 시간을
산산조각 내고 있다

시시로 부서지는 순간순간들

일요일

이레에 한번씩
자리잡는 공동(空洞)

붉은 노을 뒤로
검은 산자락은
어둠을 토하고

피로에 지친 8차선 도로가
허리 펴고 누웠다

닫힌 유리창으로 간간이
차들이 빨려 들어가고

무료한 더운 바람이
다시 되돌아갈 일상을 꿈꾸며
가로수 잎에 앉아
잠들었다

간이역

먼지도 일으키지 않으며
모르는 척 지나가 버리는 기차

철조망을 감고 묵묵히 서서
추억을 지키고 서 있는
낮은 돌담

그 위를 기어오르며
때때로 역사(驛舍)를 쳐다보는
낮은 담쟁이

멀어져간 시간, 그 어딘가에서
벽에 기대어
시간시간 여행객을 맞고 보내던
시계추의 등속운동

기적 소리 따라
붉은 깃발, 흰 깃발 번갈아 들어주던

금테 모자 쓴 역장의 그림자
플랫홈에 찍혀 있다

지금은
철로가에 피어 있는 들꽃만이
시간의 괴리를 이어 주는
역사(歷史) 속의 박물관
간이역

길

한번 지나가면
되돌아 오지는 못하는
곧게만 걸었다고 생각하지만
구불구불 굽이길

어느 길에서 만난 사람은
오래
길벗이 되고

어느 모퉁이에서는
예감할 수 없는 이별

이 길에서
겨울과 봄이 얼마나 교차했는지
셀 수 없지만
봄은 늘 처음이듯 느껴지고
누군가 분명 먼저 갔어도
내게는 처음인 길

돌아볼 수는 있지만
돌아갈 수는 없는
그런 길

비둘기의 주검

공원이나 거리에서 늘 만나던 비둘기들
어느 새벽
한마리 비둘기의 주검 앞에
행인도 없고
조문객도 보이지 않았다

다만
구름 사이로 겨우 빠져나온 햇살 한 줌
억지 울음을 뱉고 있었다

늘 비상을 꿈꾸던 도시에서
평화를 잃은
평화주의자의 죽음

영혼은 평화를 위해 떠나고
숨길 곳 없는 육신 하나
누워 있다

거미

거꾸로 세상을 보는 것이
그대의 취미인가
그대의 직업인가
아침마다 새로운 그물을 짜서
공중에 투망질하는 그대여

날개가 없어도
공중 어디에든 강한 비단을 짜서
날개들을 낚아버린다
그물 왕국의 제왕 그대는
언제나 그물을 던져 놓고
유유자적 파닥이는 포획물을 보며
득도를 기다리듯
거꾸로 매달린 성자여

철새

고향을 버리고 떠나온
이국(異國)의 바닷가
해풍(海風)불 때
서로 어깨 기대인 채
흔들리는 억새숲에
날개를 접는다

해무(海霧)로 자욱한 순천만
파도마저 망설이며 서성이는
해안선 곳곳에 버려진
어선

무상(無常)한 세월 속에도
한 계절을
잊지 않고 찾아와
풋내기 사랑만 뻘밭에 찍어 놓는
철새

향수어린 사람들이
바라보는 바다 너머
돌아갈 곳을 알고 가는
철새들

제부도에서

먹구름 덮인 섬마을
뼈대만 남은 포도나무는
늘 출렁이는 바다만 바라보고 서 있다
그래도 알 수 없는
바다의 속내
썰물 때라 바닥을 드러내는 바다는
폐선처럼 엎드려 말이 없고
길잃은 돌게 한 마리
갯벌에 서성이고 있다
짜디짠 고독만이 머무는 바다
아우성치던 가을에
끝자락을 밟힌 겨울
하늘은 검붉게 물들어가고
눈물 섞인 진눈깨비 무수히 삼키고
바다는 목이 메인 채
침묵하고 있다

아침

좁은 문틈을 비집고
금빛 햇살이 일렬로 서 있다

못다 피고 시들은
꽃병 속의 꽃들마저
다시 필 것같은 맑음이 감돌고
갓 담아낸
국그릇 밥그릇 사이로
새소리 찾아들면
눈 비비고 깨어나는
싱그러운 선율
식탁 위에 조용히 감돌고 있다

솔숲에서

어떤 꿈속이듯
짙은 안개를 토해 내는
솔숲 사이 작은 길

이 길을 걸으면
심상한 일상마저
안개의 신비에 묻혀버린다

어디선가
숲의 새소리 아침을 열고
다람쥐 한 마리
추억을 물고 사라진다

솔향기 가득 배어있는
햇살이 안개를 조금씩 밀어내고

시간이 잠재운 일상의 노고가
이슬이 되고

향기가 되는
멀고도 가까운
영원의 길

돌비석

이끼도 끼지 않았다
세월이 스쳐간 흔적 없는
돌비석 하나 서 있다

검은 글씨의 이름
빛나는 아침들이 숨쉬고 있다

한숨과 인내의 세월을
안고 서 있는 돌비석
삶이 찍어놓은 마침표로
묵묵히 서 있다.

제3부

이순(耳順)

어버이 날에

꽃을 사도 드릴 수 없는
서운함만은 아닙니다
그때 내게 왜 그렇게 하셨느냐고
묻고 싶어서도 아닙니다
일찍 가신 아버지를
아직도 원망해서도 아닙니다

해마다 오는 어버이날에
떠나 보냈던 노래 하나를
다시 부를 수 있는 나를
스스로 대견하다 위로하면서

내게 가지고 온
예쁜 카네이션 꽃다발이
진정으로 아름답기 때문입니다

이 눈부신 봄날에 말입니다

어머니를 뵙고

북쪽으로 뻗어있는 길
이 길로 가면 어머니 고향이 있다
지금은 갈 수 없는 곳
개성
그곳으로 가는 길에
어머니가 계셨다

임진강 줄기 굽이굽이
안개를 벗지 못하고 있는데
후후 입김으로 안개를 날리면
줄지어선 야산들이
조금씩 잠에서 깬다

어머니는 잊지 않으셨을까
두고 온 고향을
희미해진 기억 속에
말씀마저 잊은 듯 그저
북녘만 쳐다보신다

자꾸만 굽어지는 어머니
허허한 바람만 빈들을 훑고 갈 뿐
추억마저도 구름에 묻혀버린
어머니, 그 얼굴

하오의 서정

흰구름 낮달을 끌고 지나가는 사이
손가락 사이로
하오의 정적이 물 흐르는데
설익은 봄볕에도
풀들을 싹틔워
바람에 흔들리고 있다
무성하고 힘센
시간의 활시위 팽팽한데
바람이 춤을 추는 곳마다
봄 향기 배어나고
향기에 취한 나무들
낮잠 쏟아지는
하오

그리움

눈으로만 쫓아가다 아득히 멀어지는
구름 같은 것

무리지어 핀 꽃들 사이로
지나가는 바람의 숨결

돛 달고 흔들리며
떠나가는 배

보일듯 보이지 않는 그것
잡힐듯 잡히지 않는 그것

멀어졌다고 생각하면
가슴 저 속에 아련한 기억

그리움

너의 뒷모습

특별한 생각없이
돌아서서 걸어가는 너의 뒷모습에
박차고 일어나는 기운과
일렁이는 바람처럼 번져오는
쓸쓸함을
바라보고 서서
오늘 하루치의
내게 주어진 양의 삶에
무게가 실리는 것은
너의 뒷모습 때문은 아닐까
누군가와 함께 가는 삶
언제나 혼자인 것은
돌아서며 일으키는 알 수 없는
기류의 움직임을
알아챘기 때문인가
너의 뒷모습에는
나의 정면이 함께 있었다

울지 않는 이별을

억새풀들 웃자란 키높이 위로
하늘 짙푸르게 멍들어간다
또 한바탕
바람의 방랑기가 도지면
흩어진 홀씨 날려
그 바람을 따라간다
담벼락으로만 살금살금 기어다니며
작은 치맛자락 희망을 세우던 나팔꽃이
나팔 한번 불지 못하고
속이 까맣게 탄 꿈을 접는다
이별은 벌써 도처에 다가와
소리 없이
소문 없이 떠나려 한다
눈물 대신 얼굴 붉힌 가을산도
말 없이 이별을 감내하는데
비석만 덩그러니 남겨놓고
혼자 돌아서는 묘지의 이별 위로
가을이
비에 젖고 있다

시(詩)를 쓴다는 것은

오늘도 여전히 암벽을 오른다

독수리처럼 날개 펴고
꿈꾸는 비상(飛翔)

욕망의 길이로
버티어 선 절벽

무수히 오르고 추락하면서
절망 한 소절
외치고 있다

시작(詩作)을 위한 시작(始作)

침묵은 금이라고 말들을 하지만
여기저기 어디에나
넘쳐나는 말, 말의 홍수

그 말을 끝내 못하고 말거나
그 말은 안했어야 한다고
후회하는 그 말

그러나
한마디 말을 아껴보려고
밤을 지새며 말을 제련하는
언어의 연금술사
그 마법을 찾고 있다

2004. 12. 9일에 쓴 편지

지킬 박사와 하이드씨를 생각한다

제법 찬 공기
이리저리 돌며
제몸의 열기를 식히는 저녁

영혼을 지키지 못한
한 사내가
어디선가
울고 있을 것 같다

겨울은
물음표들을 나무에 걸어 놓고
여유있게 느릿느릿
걸어오는데

공중에서 비상하던
희멀건 희망이 하나

거꾸로 꽂히는
이 저녁
교회 첨탑에서 늘어뜨린
꼬마 전구들이
깜박깜박 졸기 시작하면
달은 돌아오고

오늘 12월 9일
네가 온다는 17일을
세고 또 세면서
나는 바보가 된다

하심(下心)을 위한 변주

내려가기 위하여 오르는
산
덜어내기 위하여 채우는
마음

산을 오르면
계곡 물소리
솔바람 소리로 들리는
연주

산정에서 내려다보면
네로가 불질렀던 도시보다 더
추한 모습으로
부복(俯伏)한 도시

나날이 질 좋은 기계는
능동성의 인간을 포식하고
비대한 문명에

찌푸린 하늘

버려라 허세
비워라 욕심
부는 청풍 변주에 맞춰
하심(下心) 한수 배우고
내려가는 산.

영화관

그곳은 땅속으로 열린
무엇이나 삼켜버리는 입

위에도 아래에도
붉고 푸른 빛의 번쩍임들
시력이 퇴화된 21C 두더지들의
쾌적한 삶의 쉼터

많은 상영관 출입구 앞에서
선택의 자유도 잃고
안테나만이 작동하는 곳
그곳을 나서는 순간
물로
불로
얼음으로 토해지는 곳

안테나만이 발달된 육신들이
하품하며 흘러들고 빠져나가는

지하 전기 공화국

바이올린과 피아노

- 브람스의 월츠

현악기 팽팽한 긴장 사이로
감도는 긴 침묵

활 시위를 떠난 화살이
거침없이 달려간다
4차선 도로를 곡예하듯
거침없는 경주 자동차의 질주

춤춘다, 노래한다
흔들리는 팔, 다리

춤을 추는 두 사람은
건반 위로 미끄러진다

풀잎에 맺힌 이슬
피아노 소리에 와르르
쏟아지고
안개 사이로
숲의 아침을 흔들다

연출 뒷 얘기

연극이 끝났다

객석에서 관객들이
하나씩 둘씩 뒷모습을 보이고
사라져 가는
공연장 객석에
나는 앉아 있었다

많은 날들을 같이한
주인공 배우와 그의
상대역 배우가
객석을 향하여 90도 각도로
머리를 숙였을 때

그의 어깨에서 떨어져 나간
단추 하나가
발길에 채이는 듯한 밤

다시 막이 오르기까지
또 얼마나 많은 시간들을
같이 할 수 있을까

빈 객석을 울리고 돌아오는
공명음만이 가득한 공연장 객석에서
일어설 줄 몰랐다
나는

안방과 부엌 사이

3m도 채 안 되는
안방과 부엌 그 사이엔
서로 다른
많은 이색 지대들이 놓여 있다

새들 지저귀는 숲길
클래식 음악 감상실
봄비 촉촉히 젖는 거리
낙엽 휘날리는 어느 공원
햇빛 가득 쏟아지는 운동장
혹은 어느 날엔가 지나 왔던
이국(異國)의 어느 주택가
……

안방에 누워 부엌을 생각한다
부엌에 서서
머릿속으로 글을 쓴다

점이지대나 완충지대는 없는
이 두 공간 사이에서
나는 늘 갈등한다

그런 날들이 있다

밤새 한바탕 겪는
나와 시간의 전쟁

아침 햇살이 창틈으로
스파이처럼 몰래 기어들면
그를 뒤쫓는다

나는 이미 패잔병
여기저기 피흘리고 지친 몸으로
햇빛에 투항한다

밖은 여전히 전쟁 중
탱크 지나가고
뻥뻥 터지는 대포소리
거리를 가득 메우고 있다

밤새
생사를 넘는 전쟁터에서

항복하고
포로가 되어야 하는
그런 날들이 있다

옛 노래

때로 지친 삶에 쉼터를 찾는다

고즈넉한 공원 빈터
먼저와 앉아 있던 나뭇잎
바람의 손 잡고
몇 발짝 비켜 선다

앙상한 나뭇가지에
감돌던 정적이
어디선가 들려오는 옛노래에 사라지고

눈앞에 펼쳐지는 옛날 그 거리에
내가 서 있다
다만 기억할 뿐 갈 수 없는 곳
노래와 함께 다가와
노래와 함께 가버린

옛노래
그 거리

오전 2시의 항변

가로등이 전부 차지해 버린
골목길
가끔
검은 고양이가 휘익 지나간다

적막을 거느리고 선
가로등은
내 시선을 피한 채
거만하게 졸고 서 있다

딱, 딱, 딱, 딱
골목을 울리고 돌아와
내 귀에 묻은 하이힐 소리

아마
네 이름이 정적(靜寂)인가?

시간의 변증법

이제는 우리가 헤어져야 할 시간
이제야 정반합(正反合)의 논리를 시간 속에서
깨닫는다
우리가 가족으로 함께 산다는
당위성이 영원하다고 믿고 싶었다

그러나
그것은 시간의 벽에 부딪쳐 있었고
나 조차도 몰랐다
평범(平凡)하게 통하던 진리가 판단의
잣대를 달리할 때 반란이 오고,
갈등이 오고 분열이 오는 거였다
그러나
이 또한 어느 의미의 참이다
너의 감정은 참이고
나의 이성 또한 참이다

자 이제는 기다려야 한다

반(反)을 통해서, 합(合)에 이르기까지

죽었지만 살아있는 시간을 위하여
살았지만 죽어있는 세월을 통하여
언젠가
같은 지평에 떠오르는 해를
함께 보게 되기를

만년필·3

만년필은 일방통행, 볼펜은 양방통행
이 복잡한 세상에 눈치코치도 없는
만년필! 이 답답한 물건아

이순(耳順)

공자님도 이순에야
귀가 순해졌다는데

이순 지난 내게는
거슬리는 소리만 들리니

내가 못난 탓이겠지
세상탓이기야 하려구

목화솜 이불

만지면 금방 손끝에서 피어난다
목화꽃

어머니가 만지다 만지다
다 닳아 없어졌을
목화솜 이불

솜틀집에서 새 단장하고
새옷 입고 다시 시집 온
새색시

털썩 앉혀 절시키고
일으키려는데

엉덩이가 붙은 듯
끌어내도 끌어내도
저항하듯 붙어있다
목화솜 이불

시각(視角)과 시선(視線)

누워서 천정을 본다
누워서 벽을 본다

서쪽 의자에 앉아 동쪽을 본다
동쪽 의자에 앉아 서쪽을 본다

마루 끝에 앉아 마당을 본다
마당에서 마루를 들여다 본다

시선과 눈높이
각도와 조명
날씨와 시간
이런 것들의 변화에 따라
대상은 무수한 수채화, 아크릴화
수묵화 그리고 채색화들을
그려내고 있다

지구별의 반란

지구의 지각 저 속에는
지신(地神) 화신(火神)외에 아마
마신(魔神)이 있어
노여움을 산 것인가
이곳 저곳 흔들어 찢고
산정(山頂)에 불을 놓고
회오리 바람에 도시도 돌돌 말아올리더니
계절마저
여름과 겨울로 양분한다

인간 도시의 중심에는
지하 공화국들을 세우고
전투 병기 없이도 24시간이
전쟁이다

골드러쉬의 원혼이 떠도는지
더 많은 황금과 검은 돈을 찾아
컴퓨터로 세계를 꽁꽁 묶어 놓았다

젊음과 외모 인기(引氣)의 가시(可視)거리엔
미용성형외과 미용피부과 미용치과들 넘쳐 나고
그 사이 간간이
개 병원, 개 미용실들이 늘어 있다

지구별 통치자여
어디에 서려 하십니까

니르바나의 종

친구 따라 강남을 가려고
배낭 하나 메고

강남에 이르는 여숙(旅宿)엔
강도 있었다
산도 있었다, 아니
더 넓은 바다, 더 높은
산맥들이

끝없이 이어지는
고통의 길에 서서
묵묵히
목적지도 모르는 채로
걷고 또 걷는
나그네길

때때로 이르는 여숙(旅宿)에선
신발끈 다시 매고

물 한모금 얻어 마신다

내 살던 고향은
어디일까

그 거리에서 맞는 눈부신 아침
익숙한 거리, 사람들, 기후까지

아침을 깨우는 종소리
들린다
니르바나, 니르바나
열반의 종소리가

제4부

시집평설

시로써 형상화한 공간과 그 미학

박 진 환
(문학평론가 · 문학박사)

Ⅰ. 前提

19C 시가 시간예술이었던데 반해 20C시는 공간예술로 규정되고 있다. 그 이유는 19C 시가 정서나 관념의 미학이었던데 반해 20C 시는 이러한 정서나 관념을 형상으로 재구성, 공간화 했기 때문이었다.

이를 좀더 구체화하면 19C 시의 본질이었던 정서나 관념은 시간성의 것으로서 시간의 흐름에 따라 유동성의 가변성을 필연화, 不安動搖의 요인으로 작용했고, 이 불안동요의 요인으로부터 일탈함으로써 안정대를 구축하고자 한데서 요청된 것이 固定化였다는 것은 주지하는 바이기도 하다.

정서와 관념의 유동성이 수반한 불안동요를 극복하기 위해 동원된 固定性 그것이 곧 空間化다. 이른바 평면성의 시나 음악

이 시간예술을 대표한다면 입체화한 회화나 조각은 공간예술을 대표하는 것들이 된다. 그리고 시간예술이 공간예술로 대체되기 위해서는 시간성의 유동성을 고정해야 하는데 그것이 다름 아닌 형상화였다.

정서나 관념을 그것에 상응하는 객관적상관물을 발견, 정서나 관념을 사물이나 존재로 대체함으로써 성립되는 형상화, 그리하여 입체화시킴으로써 공간성을 획득하게 되는 이치가 시간예술의 공간예술로의 이동의 경로다.

현대시를 이미지의 조형성으로 규정하기도 하고 종국에는 이미지 자체로 규정하는 것도 정서나 관념 따위의 내면적이고도 정신적인 것들을 이미지로 개조해 형상으로 빚어낸데서 비롯된 해석들이었다.

그러나 이러한 형상화를 통한 공간화의 이면에는 시간의 소멸성으로부터 영속성을 획득함으로써 소멸성을 극복하고자 한 예술철학이 그 배경으로 작용하고 있다. 고정하는 것은 영속한다는 이치쯤이 되는 철학적 요청이었던 셈인데 이러한 요청말고도 또 다른 철학적 요청이 수반되었던 점을 간과할 수 없다.

19C적 관념철학의 실증철학으로의 대체가 그것이다. 정신적 가치를 중시했던 관념주의를 모순의 철학으로 규정하면서 관념의 실재나, 실물, 실체나 실존화를 요구했던 과학적 객관주의의 요청도 작용했다는 뜻이다.

해석이야 어떻든 이러한 시대적 요청에의 충실을 통한 새로운 예술에의 도전이 곧 시간예술로부터 공간예술로의 이동이었던 셈인데 이러한 요청에서 시도 자유스러울 수 없었던 것이 시의 공간화였다고 할 수 있다.

오석란 시인이 두 사람의 합동시집이었던 『단독자시대의 동행』이란 공간을 허물고 스스로의 시적 영역을 설정하고자 상재한 이번 시집 『오석란 시집』도 한마디로 지적하면 공간시학에서 시를 출발시켰다 할까, 시의 공간화라고나 할까에 그 중심이 모아질 것으로 보인다. 그것은 오석란 시집에 설정된 시역이 대충 네 공간을 설정, 공간시학에서 시를 출발시키고 있다고 보여지기 때문이다.

시역의 네 공간화는 첫째, 변용을 통한 기존공간의 새 공간화, 둘째, 무형공간의 유형공간화, 셋째, 정서의 형상화를 통한 공간화, 그리고 끝으로 사유의 공간화가 그것이다. 이 네 시적 공간을 시를 제시, 구체화 했을 때 『오석란 시집』의 본태는 드러날 것으로 본다.

2. 네 시적 공간구조

이번 시집 『오석란 시집』에 드러난 공간구조는 크게는 기존, 기성의 유형의 것일 경우 변형을 통한 새로운 공간 창출로, 정서나 관념 같은 무형의 경우 변용을 통한 형상화를 빌어 창출한 시적 공간으로 두 공간으로 제시될 수 있을 것 같고, 이 경우 두 번째 공간은 추상의 유형화, 정서의 유형화, 사유의 유형화를 통한 새로운 공간창출로 세분해 볼 수 있을것 같다. 그리고 이를 시로써 제시했을 때 이해를 도울 것으로 여겨진다.

2-1. 변형의 경우

변형이란 형태를 바꿈으로써 본디의 모양이 바뀌는 것을 이르는 말이다. 시적으로 말하면 왜곡이나 날조, 은폐나 위장쯤에 해당된다고 할 수 있다. 본디의 것을 변형시키기 위해서는 의도적으로 왜곡시키거나 날조시켜 짐짓 꾸며내 새로운 모습으로 드러내야 하고, 아니면 본디의 모습을 감추거나 가장해 다른 모습으로 드러냈을 때 변형이 성립될 수 있기 때문이다. 이러한 수법이랄까, 변형의 시법을 오석란 시인은 즐겨 쓰고 있는데 시를 제시했을 때 이해를 도울 것으로 본다.

가) 멀어져간 시간, 그 어딘가에서
벽에 기대어
시간시간 여행객을 맞고 보내던
시계추의 등속운동

기적 소리 따라
붉은 깃발, 흰 깃발 번갈아 들어주던
금테 모자 쓴 역장의 그림자
플랫홈에 찍혀 있다

지금은
철로가에 피어 있는 들꽃만이
시간의 괴리를 이어 주는
역사(歷史) 속의 박물관
간이역

나) 이끼도 끼지 않았다
세월이 스쳐간 흔적 없는
돌비석 하나 서 있다

검은 글씨의 이름
빛나는 아침들이 숨쉬고 있다

한숨과 인내의 세월을
안고 서 있는 돌비석
삶이 찍어놓은 마침표로
묵묵히 서 있다.

다) 많은 상영관 출입구 앞에서
선택의 자유도 잃고
안테나만이 작동하는 곳
그곳을 나서는 순간
물로
불로
얼음으로 토해지는 곳

안테나만이 발달된 육신들이
하품하며 흘러들고 빠져나가는

지하 전기 공화국

예시 가)는 「간이역」의 일부이고, 나)는 「돌비석」 전문, 그리고 다)는 「영화관」의 일부이다. 예외없이 기존의 것들이 새로운 형태나 모습으로 개조되고 있는데, 이것이 곧 변형이다.

예시 가)에서는 상, 하행 열차가 들어오고 떠나는 그런 역동성을 지닌 간이역이 아니라 '지금은/철도가에 피어 있는 들꽃만이/시간의 괴리를 이어 주는/역사 속의 박물관'이 되어버린 간이역으로 제시되고 있는데 완전히 개조된 변형을 보여주고 있다.

예시 나)에서의 '돌비석'이 석비가 아닌 '삶이 찍어 놓은 마침표'로, 묵묵히 서 있는 돌비석으로 바뀌어 있다. 역시 변형을 성립시킨 경우가 되는데 예시 다)의 '영화관'도 예외는 아니다. 그것은 시의 종행처럼 '지하 전기 공화국'으로 전혀 새로운 공간으로 창출되고 있기 때문이다.

해석이야 어쨌건 기성, 기존의 것들을 새로운 형태로 바꾸어 새로운 모습으로 태어나게 해주고 있는데, 그 때문에 기존, 기성의 것들이 시적 공간에서 새로운 공간을 연출해내고 있게 된다.

2-2 변용의 경우

변형과 함께 변용은 모습 바꾸기가 된다. 이때 변용은 얼굴을 바꾸는 것만이 아닌 收容이나 受容처럼 받아들인다는 의미로 容字의 어의가 사용되기도 한다. 이를 달리 풀이하면 '바꾼다'는 것은 대체되는 사물이나 대상을 본디의 것과 같이 보는 등가성의 발견에 기초한다. 엘리엇식으로 풀면 객관적상관물의 발견이 되게 되는 이치다.

이는 달리 변용하고자 한 본디의 것에 상응하는 다른 대상을 찾아 교체한다는 뜻인데 이 경우 본디의 것은 시간성의 정서나 관념과 같은 것을 형상화하고자 할 때 차용되는 객관적상관물이 이에 해당된다. 시를 제시해 본다.

가) 이레에 한번씩
자리잡는 공동(空洞)

붉은 노을 뒤로
검은 산자락은
어둠을 토하고

피로에 지친 8차선 도로가
허리 펴고 누웠다

닫힌 유리창으로 간간이
차들이 빨려 들어가고

무료한 더운 바람이
다시 되돌아갈 일상을 꿈꾸며
가로수 앞에 앉아 잠들었다

나) 흰구름 낮달을 끌고 지나가는 사이
손가락 사이로
하오의 정적이 물 흐르는데
설익은 봄볕에도
풀들이 싹틔워
바람에 흔들리고 있다
무성하고 힘센

시간의 활시위 팽팽한데
바람이 춤을 추는 곳마다
봄 향기 배어나고
향기에 취한 나무들
낮잠 쏟아지는
하오

다) 나는 이미 패잔병
여기저기 피흘리고 지친 몸으로
햇빛에 투항한다

밖은 여전히 전쟁 중
탱크 지나가고
뻥뻥 터지는 대포소리
거리를 가득 메우고 있다

밤새 생사를 넘는 전쟁터에서
항복하고
포로가 되어야 하는
그런 날들이 있다

예시 가)는 「일요일」, 나)는 「하오의 서정」 각각 전문이고 다)는 「그런 날들이 있다」의 일부이다.

예시 가)는 '일요일'이라는 추상공간이 '동공', '어둠을 토하고', '허리 펴고 누워'있는 공간으로 구체화하고 있고, 나)에서의 '하오'가 환기시키는 '무성하고 힘센/시간의 활시위'가 팽팽하고 봄 향기에 취한 나무들은 '낮잠 쏟아지는' 나른한 춘곤증의 한나절을 구체화 시켜주고 있다. 팽팽한 긴장의 탄력과 탄력이 풀린 늘어진 낮잠의 긴장과 상반된 이중의 하오가 새로운 공간을 형성하고 있음을 보여주고 있다. 그리고 예시 다)는 막연한 '그런 날들'의 애매성이 '패잔병', '투항', '전쟁 중', '탱크', '대포소리', '항복', '포로' 등의 시어가 결구시키는 그런 날이 '전쟁터'라는 새로운 공간으로 설정되고 있다.

예시들이 설정한 시적 공간은 예외없이 애매한 추상적 공간을 구체적 시적 공간으로 재구성 창출시키고 있는데 이는 오석란 시인이 공간시학에서 시를 출발시키고 있다는 증거가 되어주고 있다.

2-3 정서의 공간화

정서의 객관화, 정서의 물화, 정서의 형상화는 현대시법의 ABC에 속한다. 그러나 이 ABC를 시로써 성공적으로 실천한 시인은 많지 않다. 그만큼 내면적인 무형의 것에 형상의 옷을 입혀 현현해내는 일이 만만치 않기 때문이다.

오석란 시인은 그리 많지 않은 시인 중의 한 사람인 것 같다. 그것은 그의 시가 정서의 객관화라는 시법에 충실하면서 동시에 이를 성공적으로 수행하고 있다고 보여지기 때문이다. 역시 시를 제시해 본다.

가) 눈으로만 좇아가다 아득히 멀어지는
구름 같은 것

무리지어 핀 꽃들 사이로

지나가는 바람의 숨결

돛 달고 흔들리며
떠나가는 배

보일듯 보이지 않는 그것
잡힐듯 잡히지 않는 그것

멀어졌다고 생각하면
가슴 저 속에 아련한 기억

그리움

나) 억새풀들 웃자란 키높이 위로
하늘 짙푸르게 멍들어간다
또 한바탕
바람의 방랑기가 도지면
흩어진 홀씨 날려
그 바람을 따라간다
담벼락으로만 살금살금 기어다니며
작은 치맛자락 희망을 세우던 나팔꽃이
나팔 한번 불지 못하고
속이 까맣게 탄 꿈을 접는다
이별은 벌써 도처에 다가와
소리 없이
소문 없이 떠나려 한다

예시 가)는 「그리움」의 전문이고 나)는 「울지 않는 이별」의 일부이다. 그리움, 이별, 눈물은 예외 없이 정서의 환기력이

체험하게 하는 비감들이다. 그러나 오석란의 시에서의 그리움은 사모의 정이라는 고정화한 정서의 틀을 깨고 그리움과는 동떨어진 '구름 같은 것', '바람의 숨결', '떠나가는 배', '잡힐듯 잡히지 않는 것' 등으로 그리움이 환기시키는 고정관념을 차단하고 있다.

이는 그리움이라는 정서를 정서에 값하는 등가물을 발견, 정서 대신 사물로 드러냈다는 뜻이 되는데 객관적상관물의 발견이 바로 그것이다. 그 때문에 내면적 정서가 구름, 바람, 배, 가슴 저쪽과 같은 형상으로 결구된 공간으로 개조될 수 있게 되는 변용을 성립시킨다.

예시 나) '울지 않는 이별'도 같은 맥락성을 지닌다. '이별'과 '울음'은 정서의 자동전달성에 잇대인다. 그러나 화자는 '이별'이나 '울음' 같은 정서와는 전혀 다른 '울음'과 '이별'을 암시할 수 있는 '억새풀', '멍', '방랑기', '속이 까맣게 탄 꿈' 등으로 이별에 따르는 정서의 대리대상으로 동원하고 있는데 그 때문에 정서가 공간의 현장화로 구체화 하는 변용에 값하게 된다.

2-4 사유의 공간화

정서의 경우와 같이 사유도 내면적이고 정신적인 산물이다. 그 때문에 무형일 수밖에 없고, 이를 형상으로 드러내려면 부득이 사유에 해당하는 객관적상관물을 빌어 형상의 옷을 입힐 수밖에 없게 된다. 곧 형상화작업에 의존한다는 뜻인데 그렇게 되면 사유라는 정신적 산물이 공간화할 수밖에 없게 되는 결과를 가져다준다.

역시 시를 제시했을 때 이해를 도울 것으로 본다.

가) 오늘도 여전히 암벽을 오른다

독수리처럼 날개 펴고
꿈꾸는 비상(飛翔)

욕망의 길이로
버티어 선 절벽

무수히 오르고 추락하면서
절망 한 소절
외치고 있다

나) 내려가기 위하여 오르는
산
덜어내기 위하여 채우는
마음

산을 오르면
계곡 물소리
솔바람 소리로 들리는
연주

산정에서 내려다보면
네로가 불질렀던 도시보다 더
추한 모습으로

부복(俯伏)한 도시

나날이 질 좋은 기계는
능동성의 인간을 포식하고
비대한 문명에
찌푸린 하늘

버려라 허세
비워라 욕심
부는 청풍 변주에 맞춰
하심(下心) 한수 배우고
내려가는 산

예시 가)는 「시를 쓴다는 것은」 전문이고 나)는 「하심(下心)을 위한 변주」 전문이다. 시인의 정신지향이랄까, 정신적 내면의식이랄까를 읽을 수 있는 예시가 될 것으로 본다.

예시 가)의 '시를 쓴다는 것은'이 제기하는 시의식이랄까, 시정신을 통해 시인의 정신지향을 읽을 수 있게 하는데 시인은 시를 쓰는 행위를 미를 창조한다거나, 아름다움을 언어로 경작한다거나 하는 언어의 노동과는 달리 '오늘도 여전히 암벽을 오른다'고 암벽 오르기의 도전을 선언하고 있다. 그러면서 '무수히 오르고 추락하면서' 쓰는 한 행의 시를 '절망 한 소절'이라고 고백적으로 진술하고 있는데 시 작업을 암벽 오르기와 오르다 추락한 절망연습으로 진술하는 마치 시지프의 신화를 연상하게 한다. 시인의 시적 공간을 이만큼 선명하고 치열하게 그려내고 있는 시인도 그리 흔하지 않을 것으로 여겨져 그의 시정신의 깊

이를 읽을 수 있게 한다.

예시 나)는 문명비평적인 시인의 시정신을 산을 통해 제시해 주고 있다. 역설구조로 된 1, 2연의 '내려가기 위해서 오르는/산'과 '덜어내기 위하여 채우는 마음'에 시심이 자리하고 있는 듯이 보인다. 그러나 이러한 시심은 '나날이 질 좋은 기계는/능동성의 인간을 포식하고'에 보면 현대문명에 의해 마멸되어가는 인간과 인간정신에 대한 통징을 감행하고 있음을 보여주고 있다. 이 또한 깨어 있는 시의 몫이라고 여겨지는데 해석이야 어떻건 시인의 정신 공간을 읽게 해주고 있다는 점에서 간과할 수 없는 예시들이라고 할 수 있을 것 같다.

3. 결어

이상은 『오석란 시집』을 일별해본 필자의 소견에 불과하다. 다만 이런 소견이 시인의 시에 접근하는 길잡이가 되었으면 싶고, 또 읽는 이의 시에 대한 이해를 도왔으면 싶을 뿐이다.

오석란 시인은 호는 知修. 서울에서 성장. 성신여자대학교 박사 과정 수료. 강원대 · 성신여대 강사 역임. 1982년 시집 『아직 별 뜨기 전』 출간. 2000년 『조선문학』에 시 당선. 형상시문학회 멤버, 한글학회 · 국어국문학회 회원. 2인 시집에 『단독자 시대의 동행』이 있음.

조선문학시인선 276

오석란 시집

2010년 6월 15일 인쇄
2010년 6월 25일 발행

지은이 / 오석란
발행인 / 박진환
펴낸곳 / 조선문학사
등록번호 / 1-2733
주소 · 110-092 서울 서대문구 홍제2동 96-4
대표전화 / 730-2255
팩스 / 723-9373

ISBN 978-89-93614-35-0

정가 8,000원
* 인지는 저자와 합의 하에 생략
* 잘못된 책은 서점에서 교환해 드립니다.